科学如此惊心动魄·历史③

# 凯撒的遗嘱

## 迷失古罗马

纸上魔方 著

吉林出版集团股份有限公司 | 全国百佳图书出版单位

图书在版编目（CIP）数据

凯撒的遗嘱：迷失古罗马/纸上魔方著.—长春：吉林出版集团股份有限公司，2017.6（2021.6重印）

（科学如此惊心动魄.历史）

ISBN 978-7-5581-2370-2

Ⅰ.①凯… Ⅱ.①纸… Ⅲ.①古罗马—历史—儿童读物Ⅳ.①K126-49

中国版本图书馆CIP数据核字(2017)第120278号

科学如此惊心动魄·历史③

KAISA DE YIZHU    MISHI GU LUOMA

# 凯撒的遗嘱——迷失古罗马

著　者：纸上魔方（电话：13521294990）

出版策划：孙　昶

项目统筹：孔庆梅

项目策划：于姝姝

责任编辑：姜婷婷

责任校对：徐巧智

出　版：吉林出版集团股份有限公司（www.jlpg.cn）

（长春市福祉大路5788号，邮政编码：130118）

发　行：吉林出版集团译文图书经营有限公司

（http://shop34896900.taobao.com）

电　话：总编办 0431-81629909　营销部 0431-81629880／81629881

印　刷：三河市燕春印务有限公司

开　本：720mm×1000mm　1/16

印　张：8

字　数：100千字

版　次：2017年6月第1版

印　次：2021年6月第7次印刷

书　号：ISBN 978-7-5581-2370-2

定　价：38.00元

印装错误请与承印厂联系　电话：15350686777

# 前　言

四有：有妙赏，有哲思，有洞见，有超越。

妙赏：就是"赏妙"。妙就是事物的本质。

哲思：关注基本的、重大的、普遍的真理。关注演变，关注思想的更新。

洞见：要窥见事物内部的境界。

超越：就是让认识更上一层楼。

关于家长及孩子们最关心的问题："如何学科学，怎么学？"我只谈几个重要方面，而非全面论述。

1. 致广大而尽精微。

柏拉图说："我认为，只有当所有这些研究提高到彼此互相结合、互相关联的程度，并且能够对它们的相互关系得到一个总括的、成熟的看法时，我们的研究才算是有意义的，否则便是白费力气，毫无价值。"水泥和砖不是宏伟的建筑。在学习中，力争做到既有分析又有综合。在微观上重析理，明其幽微；在宏观上看结构，通其大义。

2. 循序渐进法。

按部就班地学习，它可以给你扎实的基础，这是做出创造性工作的开始。由浅入深，循序渐进，对基本概念、基本原理牢固掌握并熟练运用。切忌好高骛远、囫囵吞枣。

3. 以简驭繁。

笛卡尔是近代思想的开山祖师。他的方法大致可归结为两步：第一步是化繁为简，第二步是以简驭繁。化繁为简通常有两种方法：一是将复杂问题分解为简单问题，二是将一般问题特殊化。化繁为简这一步做得好，由简回归到繁，就容易了。

4. 验证与总结。

笛卡尔说："如果我在科学上发现了什么新的真理，我总可以说它们是建立在五六个已成功解决的问题上。"回顾一下你所做过的一切，看看困难的实质是什么，哪一步最关键，什么地方你还可以改进，这样久而久之，举一反三的本领就练出来了。

5. 刻苦努力。

不受一番冰霜苦，哪有梅花放清香？要记住，刻苦用功是读书有成的最基本的条件。古今中外，概莫能外。马克思说："在科学上是没有平坦的大道可走的，只有那些在崎岖的攀登上不畏劳苦的人，才有希望到达光辉的顶点。"

北京大学教授/百家讲坛讲师

张顺燕

贝吉塔

阴险邪恶，小气，如果谁得罪了她，她就会想尽一切办法报复别人。她本来被咒语封了起来，然而在无意中被冒失鬼迪诺放了出来。获得自由之后，她发现丽莎的父亲就是当初将她封在石碑里面的人，于是为了报复，她便将丽莎的弟弟佩恩抓走了。

善良，聪明，在女巫被咒语封起来之前，被女巫强迫做了十几年的苦力。因为经常在女巫身边，所以它也学到了不少东西。后来因为贝吉塔（女巫）被封在石碑里面，就摆脱了她的控制。它经常做一些令人捧腹大笑的事情，但是到了关键时刻，也能表现出不小的智慧和勇气。它与丽莎共同合作，总会破解女巫设计的问题。

克鲁德
小精灵

安得烈

外号"安得烈家的胖子"，虎头虎脑，胆子特别大，力气也特别大，很有团队意识，经常为了保护伙伴而受伤。

# 主人公介绍

丽莎

胆小，却很聪明心细，善于从小事情、小细节发现问题，找出线索，最终找出答案。每到关键时刻，她和克鲁德总会一起用智慧破解女巫设计的一个个问题。

迪诺

冒失鬼，好奇心特别强，总是想着去野外探险，做个伟大的探险家。就是因为想探险，他才在无意中将封在石碑里面的贝吉塔（女巫）放了出来。

班奈特

沉着冷静，很有头脑，同时也是几个人中年龄最大的。

佩恩

丽莎的弟弟，在迪诺将封在石碑里面的贝吉塔（女巫）放出来后，就被女巫抓走做了她的奴隶。

# 目 录

# 目　录

# 第一章

# 与狮子同船

好可爱的小东西！

想想它在竞技场上被狮子追来追去的，该多有趣！

呃，我去斗狮子？有没有搞错？！

天哪，还会说话，好神奇！

大人总嫌角斗士太少，现在一下子来了五个。

我们就等着领赏吧！

# 古罗马文明

　　提起罗马，相信不少人会想到那句著名的谚语"条条大路通罗马"。而曾经强大的罗马帝国，也正是在这些道路的见证下，不仅仅吸收和借鉴了各个古代文明的成就，更在此基础上逐渐形成了属于自己的文明。

　　在文学方面，古罗马文学为拉丁文学，全盛时期约为公元前80年到公元17年，曾出现杰出诗人维吉尔；在语言方面，拉丁文字母是很多民族创造文字的基础，更是整个罗马帝国的官方语言；在艺术方面，罗马人虽然崇拜希腊艺术，却比希腊人更注重理想，更喜欢具体、实在的物体，因此创造出不少雄伟壮观的建筑，而且，无论是在建筑方面，还是在雕塑方面，都将帝国气魄展现得十分完美。

## 奥斯提亚

奥斯提亚是古罗马时期的海港，其自公元前4世纪开始发展，曾是古罗马最为重要的港口，每天都有不少贸易船只由此进出。正因如此，奥斯提亚在罗马的黄金时期，已然发展成拥有10万人口的商业重镇。

只是，在君士坦丁大帝将"帝都"迁至伊斯坦堡后，奥斯提亚便逐渐没落，最后竟成为一片荒凉的废墟。这座仅次于庞贝城的古城尽管历经了2000多年的风雨，现在却依然在考古界具有一定的价值。

## 凯撒的历史功绩
### 有哪些?

答:盖乌斯·尤利乌斯·凯撒是罗马共和国末期的独裁者,他自统一罗马到被布鲁图斯暗杀,仅仅不到4年的时间。他到底做了些什么,才让世人至今仍称颂他?

在这短短的几年里,他将军政大权集于一身,基本上完成向君主独裁制的过渡,并对旧制度做了规划;将元老院降为咨询机构;企图逐步废除旧罗马作为一个城邦霸国所遗留下来的种种特权;将公民权陆续给予罗马的各个行省等。

# 第二章

# 米奈出现了

天哪，这里俨然是热闹的集市！哇，居然还有葡萄酒！

大惊小怪！在罗马，葡萄酒是最常见的饮品。还记得船上的那几只木箱子吧？那里面可都是双耳细颈瓶装着的葡萄酒。

你看错了，我没有翅膀。

还有，我一直跟他们在一起，是不是，两位大叔？

长得还真像，就是你比它白点儿。白高兴一场。

点米

一定是米奈！

少安毋躁！

13

# 古罗马角斗士

　　古罗马角斗士深受大众喜爱，是古罗马劳动阶层人们心中的偶像。但上层社会的人们往往对角斗士嗤之以鼻，因为他们多为奴隶。不过，有的角斗士却是没落的贵族或是犯人。

　　那时，不知有多少人横跨罗马帝国，蜂拥来到竞技场，只为观看那些训练有素、手执利刃的角斗士上演血腥却又充斥着刺激与精彩的表演。要知道，角斗可是古罗马最为著名的娱乐项目，连当时的帝王为了赢得民众的喜爱，都会直接参与比赛，如统治者卡里古拉、提图斯、哈德良等。

　　据说，角斗士不仅要进行非常严酷的训练，还要接受严格的饮食控制（多吃高热量的食物），更要学习使用各种武器，如匕首、剑、网、锁链等。

## 可怕的古罗马竞技场

　　我们知道，古罗马人已将角斗列为娱乐项目之一。而且，那些政治家为了争取民心，更是大肆举行免费的角斗比赛。

　　角斗比赛有时是一对一，有时也会一对二，有时甚至会要求那些角斗士与狮子、公牛、熊等猛兽进行搏斗。角斗士在角斗时可以使用枪、弓箭、短剑等武器，角斗现场非常惨烈。更可悲的是，比赛规则居然是"要一直进行到有一方死去为止"。不过，角斗选手一旦赢得比赛，不但可以获得数目可观的奖金，而且能获得自由之身。因此，为了那最可贵的自由，有不少角斗选手都为之拼命。也正因为如此，角斗现场才会那么惨烈与悲壮！

# 史上最大的一次
## 奴隶起义是谁掀起的？

答：随着每一场角斗比赛的进行，竞技场上留下了一具又一具奴隶的尸体，惨不忍睹。终于，奴隶们愤怒了，他们开始发起反抗，于是便有了公元前73年那场历史上最大的奴隶起义——斯巴达克起义。

斯巴达克原是巴尔干半岛东北部的色雷斯人，因战争被罗马人俘虏，后又被卖为角斗士奴隶，遭受了非人待遇。终于，他忍无可忍，便开始谋划反抗，并带领角斗士们冲出了牢笼，跑到维苏威火山上聚义。后来，元老院派出军队去镇压，却无功而返。直到克拉苏出战，这场已壮大到10万人的队伍的奴隶叛乱事件才平息。

第三章

设计逃脱

18

# 曾经的贸易之城——罗马

曾经，罗马是世界上最繁华、最大的都市。由于罗马的航海技术非常卓越，因此，在罗马聚集了不少来自世界各地的既珍贵又新奇无比的物品，如中国的陶瓷器物，印度的丝绸，埃及的莎草纸，非洲的黄金、动物和木材等。

而那时，罗马的贸易范围又非常广阔，包括非洲、西班牙、希腊、埃及等地，商队甚至能直接进入印度、中国。也正是因为如此，当时能与亚洲直接进行贸易的国家，也就只有罗马而已。那么，罗马又是如何与其他国家进行贸易往来的呢，是通过陆路，还是海运呢？答案显然是后者。那时，那些通过海运进入罗马的贸易物品，首先会聚集在奥斯提亚港口，然后再被装上小船，沿着台伯河运送到罗马城区。

## 罗马军队奇怪的规定

罗马帝国，曾经可谓辉煌到不可一世。罗马能成为庞大的帝国，与其超强的军事力量是密不可分的。

罗马建国后，为了扩大疆土，当时的罗马君王们便不时地向其他地区发起战争，而军队力量自然要得到及时扩充，因此，便大肆向民间征兵。而一旦加入军队，军人的服役时间要长达20多年。而且，更夸张的是，他们不仅要自己承担军服、武器、粮食的费用，甚至连结婚也受到限制。

不过，即便军人们偷偷结婚，国家通常也会佯装无视。当然，作为军人，也是有一定好处的，如丰厚的酬劳，退伍后丰厚的退休金及土地，甚至还能拥有奴隶。

# 古罗马人的服饰有等级之分吗？

答：在古罗马，服饰象征着不同的身份、地位及等级。而且，不同等级的人穿什么样的衣服都有严格规定，并在颜色上加以变化，作为辨认标志。

如托加袍只有罗马的公民才能穿，而奴隶和外邦人则不能穿。那些普通的成年公民所穿的托加袍，大都是简朴而没有装饰的，服色多为深灰、浅灰或褐色。罗马贵族们的服色多为深红、鲜红或乳白色。高级行省官员、议员和上层社会16岁以上的男子则可穿着镶有紫红色边的托加袍，获胜的将军穿饰有金黄色边的紫色托加袍，元老们穿着一种宽大的紫色条纹的托加袍，而只有帝王才能穿全紫色的托加袍。

第四章

"生死"同车

29

# 古罗马时代的丧葬仪式

在古罗马人看来，一个人虽然已经死亡，但并不意味着他会永远消失，只不过是换了一种存在方式，在墓穴里"安居乐业"。而当死者"迁入"墓穴时，亲人们便会聚集于此，举行各种相关的仪式。

死者家中的妇女或者专门负责丧葬的人首先为死者清洗身体，然后将洗液涂满死者的身体，最后为死者穿上最好的衣服。

为死者装扮好后，负责丧葬的人便将尸体抬出，放在宅邸的正厅，放置时间的长短依据死者的社会地位而定，几个小时到一个星期不等。而在这段时间，死者的亲人或是朋友便可前来吊唁。

当然，丧葬仪式的本身也反映出死者的身份：贫民和孩子只在简短的仪式后便下葬了；上层人物却拥有庞大的送葬队伍，并伴以音乐、火炬及雇用的女送葬者。

## 婚礼进行时

在古罗马时代，人们便对婚姻极其重视，婚前不但会有订婚仪式，而且选择结婚的日子也是慎之又慎，往往要通过占卜来选择"吉日"，并要避开某些不吉利的日子。

盼望着，吉日在即，但新郎若想将新娘娶回家必须要经过一系列的传统仪式：

新娘要将儿时的玩具、穿过的衣服献给家神，然后才能穿上新娘装，并用橙红色的透明结婚面纱将头盖上，但要露出娇俏的脸。

紧接着便要在新娘父亲的房中举行开幕式了。一大早，新郎就要来到女方家中。随着占卜仪式的进行，婚礼正式开始。到黄昏时，属于婚礼最重要的时刻到了：新郎要模仿原始的掠夺婚，将新娘从其母亲身边抢走，并由火把队伍护送着新娘去夫家。

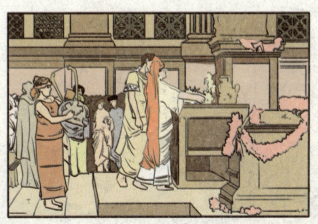

## 婚礼就这么
## 结束了吗?

答：在新娘由火把队护送的途中，还有不少传统仪式。如在路过十字路口时，新娘要把一枚银币献给那里的神，并把另一枚银币作为自身嫁妆的象征送给新郎；最后为了给新郎家的诸神奉献礼物，新娘还要将一枚银币作为礼物的象征交给新郎。

新郎呢，为了祈求结婚后会有更多的家产，则会向送亲或是围观的人群中抛撒榛子。仔细看，便会发现在新娘的左右各站着一个男孩儿，还有一个男孩儿举着火把走在新娘前面。而在队伍浩浩荡荡地到达新郎家后，男孩儿们便会扔掉火把。新娘则要在门柱上涂抹油和脂肪，并在门柱上缠上羊毛线，然后便被抬过门槛，正式进入夫家。

第五章

# 贝吉塔的阴谋

还有两天就要公布凯撒的遗嘱了，你准备什么时候动手？

你忘了我们的约定吗？除非你找到那几个小鬼，找到那个身体会发光的女人，我才会用魔法将遗嘱改得天衣无缝，让罗马公民服于你。还有，你吓跑了米奈，就想这么算了吗？

# 古罗马人的居住条件

提起罗马城，相信很多人最先想到的便是巍峨的建筑、高大的雕塑，还有那豪华的大型拱门。相信接下来还会有更丰富的想象：当年，古罗马人就住在这样漂亮的房子里，不但享用着珍馐美味，更心安理得地享受着奴隶对他们的精心伺候。

然而，事实却不尽如此。大部分的罗马人都住在一些三四层的公寓里，那里环境并不是很优美，甚至还有些拥挤。在临近大街的一面，那些被称为公寓的建筑还有商店、生产作坊、酒吧……白天，罗马城的大街上人流不息，熙熙攘攘，然而到了晚上，街道上却是一片漆黑，因此，难免会有盗贼出没。

当然，贵族的住宅相对来说要豪华很多，他们不但住着拥有中庭的庭院，甚至还会用赤陶制品装饰家居。

## 古罗马人都住在城区吗?

答案自然是否定的。大多数的古罗马人居住在一些较为僻静的小村庄，或是偏远的乡村里。虽然那里有着优美的田园风光，但那里的生活远远没有外表环境凸显出来的那般闲适与美好。相反，生活在那里的人们，需要凭着自己的双手，通过艰苦的劳动来获得那份看起来平静的生活。

当然，也正是因为有了他们，生活在城里的人们才有了食物，以及生活用品等的来源。而庞大的罗马帝国也正是因为这份平衡，才维持了那么长久的"太平盛世"。

## 拥有中庭的
## 庭院是什么样的?

答:很简单,中庭不过是建筑物内的开放空间。在白天,阳光明媚之时,便会有金灿灿的阳光洒进来;而在下雨时,雨水则会直接落入大理石制成的小莲花池中。

那开满莲花的莲花池周边装饰着马赛克。在古罗马,马赛克是最为常见的装饰品。也许,在那些贵族的眼里,中庭中只有莲花池略显单调,因此,他们大多会栽种不少名贵的花草,甚至还会围绕中庭建造一些笔直的柱子。当然,在用材方面,他们也毫不吝惜,经常会选用些高级木材、黄金、象牙等作为建筑材料。

第 六 章

# 安东尼的心事

布鲁图斯，你跟了这久，也想杀了我吗？

安东尼将军，难道你不想知道凯撒的遗嘱里写了什么吗？

43

## 布鲁图斯是谁？

马可斯·布鲁图斯是罗马共和国晚期元老院的一名议员，曾组织并参与谋杀凯撒。

他是凯撒的养子之一（另一养子为屋大维），在小加图担任塞浦路斯总督时，以凯撒助手的身份步入政界。然而，在这期间，他却为了发财向贫民发放高利贷。没多久，他又进入元老院，与贵人派结成同盟，从而反对克拉苏、庞培、凯撒的"前三头同盟"。

后来，他因谋杀凯撒而背上叛国的罪名，因而不得不向东方逃亡。在雅典时，他又筹集资金组建罗马兵团，进而一步一步打回罗马，并在最后战败之时，留下那句名言："我是要逃跑，但这次是用手而不是用脚！"

# 罗马的共和国时代是从什么时候开始的？

在公元前6世纪初，古罗马人推翻了由选举产生的君主，从此步入共和国时代。而由贵族们集合而成的国体则称为元老院。因此，在治理国家方面，不但有每年选举所产生的两名执政官，元老院也参与其中。虽然，那两名执政官的任期只有6个月，但他们是共和国的最高领袖。

平时，执政官们会与元老院的议员们共同探讨战争、法律、税金、外交等国家大事，最后再以投票的形式进行决定。只是，无论是执政官，还是元老院，并未受到古罗马平民们的喜爱。因此，在接下来的两个世纪里，平民与贵族之间一直冲突不断。

# 什么是"前三头同盟" 与"后三头同盟"？

答：在公元前510年，罗马步入共和国时期。然而，这一时期却危机四伏，共和统治形式开始受到帝制建立的威胁。在这种大背景下，三个军事政治强人相继登上罗马政治舞台，他们就是克拉苏、庞培、凯撒，历史上将其称为"前三头同盟"。

公元前43年，安东尼、屋大维和雷必达于伯伦比亚附近会晤，并相互达成协议，历史上称其为"后三头同盟"。而且，"后三头同盟"不仅获得罗马公民大会的承认，更统治国家长达5年之久。

# 第七章

# 似曾相识的男子

看，那里有一家饭馆！

唔，还真是饿了。老板，我们要吃你们店里最好吃的东西。

没问题！

还有葡萄酒。

啊？你说什么？

能确定阿芙和贝吉塔的位置吗？

你认识他？

啊，他长得好帅！我好像也见过他。啊，一定是在梦里！

好面熟，总感觉在哪儿见过。

女人就是无聊！

51

好吃！我从来没吃过这么美味的面包。可是，为什么店里人这么少呢？

罗马的贵族们为了获得百姓的支持，每个月都会向他们提供一次免费的面粉。哦，还有竞技比赛的免费参观券。

那又怎么样？这与来餐厅吃饭有关系吗？

当然。你以为罗马城里都是富人吗？百姓领了面粉，便可以自己做面包，谁还会多花"银子"？呃……我们身上有钱吗？

看我的。老板……

53

# 古罗马人的饮食习惯

相信在很多人眼里，曾经的古罗马人神秘而又强大，他们不仅能征善战，而且对生活也有一定的追求。下面就让我们通过他们日常的饮食习惯，来想象一下他们的日常生活吧！

古罗马人的饮食非常多样化。其中，仅蔬菜类就包括樱桃萝卜、洋葱、生菜、莴苣、芹菜、南瓜、芦笋、蘑菇等；肉类则有猪肉、羊肉、鹿肉、野猪肉、鸡肉、鸭肉、鹅肉等；鱼类又包括金枪鱼、三文鱼等；而主食则主要是面包，或是一种类似于大麦粥，或是玉米粥的炖粥。

其实，用餐时的各类习惯便可以体现出一个人的身份地位。如那些家境较为贫寒的古罗马人只能勉强维持温饱，而那些贵族的饮食则较为精细，不仅为一日三餐，而且种类极为丰富。

## 面包魔法来了

　　古罗马人是聪慧的，他们借鉴了古埃及人制作面包的技术，又在原来的基础上更上一层楼，甚至达到了一种艺术状态。而且，更有人说，他们特意将制作面包的过程绘成图画，整理成册。在当时，甚至还有一个需要三个成年人合力才能推动的石磨。而古罗马人正是使用这座大石磨，将小麦磨成了面粉，并将面粉做成了各式花样的面包。

　　当家里来了客人时，主人便会准备竖琴形状的面包来招待客人；在婚礼上，他们还会制作类似戒指造型的面包……

## 罗马人对葡萄酒的
## 热衷程度有多少？

答：在回答这个问题前，我们不妨先了解一下罗马的泰斯塔修山。

远看，那不过是一座普通的小山。若是近看，你便会发现，原来那是一座利用废弃的葡萄酒陶罐碎片堆成的、总高度足足达45米的陶罐山。如此看来，罗马人对葡萄酒的热衷程度也就不言而喻了。

罗马人不仅将葡萄酒作为日常饮品，甚至在上战场时，也会随身携带葡萄酒。更夸张的是，他们还会在营地附近种植葡萄。将某一个区域征服后，他们也会命令那里的人种植葡萄，酿制葡萄酒。

第八章

# 原来是屋大维

明白了。你们几小鬼没钱付账，没猜错吧？

我们的财物，都被……被抢了，只剩这个了。所以，老板，能不能……

呃，为了吃一顿饭进牢房？克鲁德，被你害惨了！

不能。盗贼没看上的，我才不要，我只要钱。没钱，就等着坐牢。

# 古罗马的"银子"长什么样？

　　罗马城曾是一座贸易之城，并在很长的时期里作为古罗马的帝都。那么，在那座繁华的"都市"里，人们又是以什么样的货币形式进行交易的呢？

　　在公元前4世纪，罗马货币的基本单位是铜币阿司；直到公元前3世纪才出现银币第纳尔，价值10阿司，第纳尔曾是罗马共和国时期币值最高的银币；而赛斯特斯则是较小的银币单位，1赛斯特斯相当于2.5阿司；奥雷是以黄金铸造的金币，价值最为昂贵，相当于25第纳尔。

　　其实，面对单位如此不统一的货币，凯撒原本计划要对货币进行系统广泛的改革，但因他被谋杀，改革计划也随之夭折。

# 罗马帝国的第一位皇帝——屋大维

屋大维是罗马帝国的开国君主，元首政制的创始人。在他长达40多年的统治下，罗马可谓太平盛世。而且，这种太平甚至持续了两个世纪。而他也正因为政绩卓越，被元老院封为"奥古斯都"。而且，他在公元14年8月去世后，元老院决定将他列入"神"的行列，并且将每年的8月定为"奥古斯都"月。

当初的屋大维不过是凯撒的甥孙，只是凭借聪明的天资，才被凯撒收为养子，并加以培养。后来，凯撒被杀，他继承凯撒遗嘱，成为凯撒的继承人。公元前43年，他与安东尼、雷必达结成"后三头同盟"，共同击败了刺杀凯撒的共和派贵族，并瓜分政权。后来，他不但夺取了雷必达的军权，更在阿克图海战争中击败安东尼，并最终开创了罗马帝国。

# 是谁谋杀了
# 凯撒?

答：凯撒——那位被世人称为"天才领导者"或是"野心家"的不可一世的人物，到最后却死在了自己疼爱的人的手上，不可谓不是一个悲剧。

在凯撒执政期间，有不少古罗马公民支持他。只是那些担心凯撒会独裁的贵族一直将其视为眼中钉。终于，他们出手了。

那天，凯撒如往常一样来到元老院的议会场。很可惜，他并没有意识到危险已经来临。他正如从前般要做演讲时，就见卡斯卡用刀刺向自己。他忙回击，却被自己的养子布鲁图斯直接刺穿胸膛。而他只留下了一句话："布鲁图斯，连你也背叛我！"

第九章

丽莎的"面粉计划"

回去告诉布鲁图斯，他杀了父亲，我绝不会放过他。

很可惜，你根本没有机会。托马斯，不要管那几个小鬼，先杀了屋大维！

67

别愣着了，赶紧过来帮忙。屋大维，闪开！

啊，我的面粉，住手，快住手！

屋大维大人会双倍赔给你的！

# 古罗马是浴场的国度吗？

　　说到古罗马，不得不提的便是那闻名于世的古罗马浴场。对他们来说，浴场不仅仅是放松、休憩的场所，更是游乐的好去处。

　　罗马人是非常喜爱沐浴的，也正是因为如此，他们在修建浴场时，在其规模方面从未吝惜过。放眼望去，竟觉得那规模简直大得惊人。而且，在不同时期，还分别建立了不同的浴场。其中，在屋大维执政期间，最先建立了大浴场；在帝政末期，则又建立了阿格里帕大浴场，以及850个小浴场。那么，人们是如何在浴场沐浴的呢，也像现在这样有男、女浴室之分吗？

　　在罗马帝政初期，男、女要分开进行沐浴，并将入浴时间限定在白天；帝政末期，男、女不再分开，可混合进行沐浴，并不再限制沐浴时间。

# 古罗马浴场的发展

在罗马共和国初期，有不少贵族的住宅都建有私人浴室，样子像极了小型室内游泳池。罗马成为强大的帝国后，周边城镇便随之相继扩大，人们的生活水平相对得到了提升，富庶了不少。而此时，沐浴风气也开始盛行于社会各阶层中：人们开始偏爱公共澡堂。因此，罗马城里的公共澡堂就像雨后春笋，仿佛一夜间就出现了很多。据说，在公元1世纪时，最少也有几百间公共澡堂。其中，最气派的当属热澡堂，其内设有热气室、热水浴池、凉气室，以及冷水浴池。

连公共澡堂都这么讲究，那皇家浴场的气派就可想而知了。听说，在罗马帝国时期，大型的皇家浴场中竟还设有图书馆、讲演厅，甚至商店等。不仅如此，还有很多附属房间，更有不少超大的储水池。

# 古罗马的洗澡水
## 从哪里来？

答：我们知道，古罗马人是非常喜欢沐浴的，古罗马浴场数量多，规模大。那么，古罗马人沐浴所需的水是从哪里来的呢？

早在古罗马时代，就已经存在令世人艳羡的水道建设了。而且，仅仅在罗马城，就有一条长达350千米的水道。其中，那些较为干净的水是供给人们饮用的，而剩下的水，他们或用来沐浴，或用来灌溉。

当然，水道不仅仅在罗马境内分布，还会延伸到其他的区域。也正是因为这些犹如蜘蛛网般密布的水道，很多贵族的住宅里才得以修建厕所。

第十章

浴场闹剧

好气派，热气腾腾的，真让人迫不及待。哪儿能泡澡啊？

到了。

姐姐，你好毒！

我怎么会有你这样的弟弟？神经粗得像绳子。

## 古罗马道路的发展

在古罗马时代，为了让军队、马车能够顺利行走，为了让补给品能够顺利运输，罗马帝国会时不时地下令修建道路。

公元前312年，罗马曾与萨姆奈特发生战争。当时，罗马因为战情所需，急需补给军队和军粮，又对道路的平稳性有一定的要求，因此，便特意修建了第一条大道——长达200多千米的阿比亚大道。后来，这条大道对罗马帝国的外扩起到了重要作用，也正是因为如此，它又被冠以"女王之路"的美名。在修建阿比亚大道后，其他道路的建设也随之进行。而且，这些道路不仅仅连接着现在的意大利半岛，甚至还延伸至欧洲和北非。

## 奇怪的法令

　　放眼看去，罗马大道还真是气势磅礴，但若是将视线放在罗马城区，我们便会发现城区的巷子、街道未免显得太过狭窄、复杂。因此，在城区发生意外可是再正常不过的。试想：当马车、行人同时挤在那窄窄的街道上时，怎能不发生事故？

　　而且，街道上人来人往，川流不息，街道的卫生情况可谓脏乱不堪。因此，凯撒漫步在罗马城区，看到那肮脏的街景时，一怒之下，曾制定一条奇怪的法令："自己门前的垃圾，要自己负责清理。不清理就要被罚钱。"只是，这条法令很难实施，没有什么成效。

# 为什么古罗马道路是错综复杂的？

答：若是我们真能乘着时光穿梭机去到古罗马，漫步在那充满时代气息的道路上，相信我们很快便会迷路，因为那里的道路实在是太复杂了，几乎所有的道路都通往罗马。看来，那句"条条大路通罗马"的谚语并非空口而谈。

当然，也有人想过将道路整修得规整些。但是，由于那些道路不是在同一时期修建的，想要统一整修根本就很难实现。也正是因为如此，才造就了古罗马道路错综复杂的现象。

不过，千万别小看了这些杂乱无章的道路。在平时，它们作为连接罗马与各国贸易往来的纽带；在战时，它们因具有平稳的特点，而成为军队快速行进的必经之路。

# 第十一章

# 安东尼开始行动了

## 古罗马众神

在古罗马人看来，世间万物、万事都由神来掌控。因此，他们在做事之前，事无巨细，都要利用神论请示神的看法，并祈求神的护佑。

古罗马的神的形象与古希腊的神非常类似，并且大多数罗马神都能在希腊神话中找到与之对应的神，比如：朱庇特是罗马神话中的众神之王，与之对应的希腊神是宙斯；朱诺是朱庇特的妻子，是婚姻和母性之神，与之对应的希腊神是赫拉；玛尔斯是朱庇特和朱诺的儿子，是罗马的战神，与之对应希腊神是阿瑞斯；密涅瓦是朱庇特和朱诺的女儿，是智慧、战术女神，是艺术家和手工艺人的保护神，与之对应的希腊神是雅典娜……

## 万神殿曾经的辉煌

　　万神殿——奥古斯都时期最为经典的建筑——兴建于公元前27年，并在公元120年重建，曾被米开朗琪罗称赞为"天使的设计"。只可惜，万神殿在公元80年的火灾里险些毁灭，留给世人的只是长方形的柱廊，16根高12.5米的花岗岩石柱。而我们也只能在那些残存的记录里，来想象这座建筑曾经的恢宏。

　　万神殿有着与高度相等的底面直径（直径为43.4米），内部空间完整、紧凑。下半部是空心的圆柱形，上半部为半球形的穹顶。在穹顶内表面做有分成5排的28个凹格，并在墙上开了7个凹室作为祭龛。也许是因为穹顶墙厚的递减更有利于万神殿整体建筑的稳固，所以建筑师将穹顶内壁整体划分成5排28格，并将每一格修建成自上而下的凹陷形式，在无形中为万神殿增加了魅力。

# 为什么将屋大维称为"奥古斯都"？

答：屋大维是罗马帝国的第一位皇帝，但并不以皇帝自称。在公元前27年，通过元老院的决议，他被授予"奥古斯都"称号。奥古斯都的意思是神圣至尊者，这里带有很大的宗教和神学意味，其实也就是皇帝的一种称号。

屋大维统治罗马期间为罗马的统一做出了巨大贡献，是他结束了罗马帝国的分裂状态，为罗马带来了两百多年的和平，因此奥古斯都屋大维已经被西方人神化了，并备受西方人的尊敬。

# 第十二章

## 认清安东尼的真面目

其实，你不用担心，你将是新的继位者，将来还要开创罗马帝国呢！

你怎么知道？你们到底是谁？

我们来自遥远的未来，来这儿是为了找一个身体会发光的女孩儿，结果人没找到，却遇到了你。

丽莎，告诉我，你们是谁？

嗯，在贫民区。虽然是远远一瞥，但我肯定她就是你们要找的人。

别开玩笑了。

嘿嘿，惊鸿一瞥。

没时间了，我们该走了，你多保重！

现在不能搭乘马车吗？

外面到处是布鲁图斯的人，不如等到晚上，坐马车混出城。

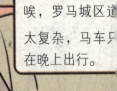

唉，罗马城区道太复杂，马车只在晚上出行。

去准备马车。

门被锁死了。

克鲁德，你是对的。

不只是门被锁了，门外肯定还有卫兵守着，他一定知道了遗嘱的内容，所以他要杀死你或将你囚禁。目前看来是后者。

收起你的歉意，忘记我们是谁了？去阿比亚大道。

对不起，是我拖累了你们。

93

# 古罗马人是怎样救火的?

在罗马城，人口密集，环境拥挤，火灾是家常便饭。于是在公元6年，奥古斯都皇帝组建了罗马第一支公立的火警队。

火警队成员要接受军事化管理，并住在军营中，以便发现火情时，及时赶到火灾现场。

火警队配备消防车是用马拉的，上面载有大型水泵，在水泵中的水用尽时，火警队成员会站成一排长队，用传递水桶的方式从附近水源取水。他们还会用浸透水的被子覆盖火苗，甚至懂得用化学手段灭火，如将一种含有醋的物质投入火中。如果高层建筑失火，他们会在地面上铺好垫子和床垫，以帮助高层居民跳楼逃生。

## 古罗马庄园是怎么形成的？

早在罗马共和国时期，庄园就已经存在了，只不过规模非常小而已。但千万不可小觑这些庄园的存在，其不仅可以自给自足，有的庄园甚至还有剩余的农产品向市场出售。然而，在迦太基战争期间，因为战争的影响，有不少农民或是参军打仗，或是离开了乡村，这样他们的土地便就此搁置下来。而此时，一些地主便趁机直接将这些土地据为己有，从而摇身变成不但拥有大片土地，更是坐拥千万财富的大庄园主。

# 古罗马人的庄园都生产什么?

答：古罗马人的庄园不仅可以向生活在罗马城里的人们提供各种农产品，甚至还有很多生活必需品。可以说，这里就像是万宝园，仿佛什么都可以生产。

在食物方面，其可以提供各种酒类、水果与蔬菜、橄榄油、面粉、肉类、奶类；而在生活用品方面，其又可以提供羊毛、各种建筑材料、用于取暖或是制作家具的各种木料等。只是，这些物品，有的要供给城里的市场，有的则要出口到罗马帝国以外的地区。其中最常见的出口品为橄榄油、酒类。

第十三章

贪婪的交易

# 罗马行政区公民权的来历

罗马曾是一个善战的国家，周边势力也随着战争在逐渐壮大，然而，随着领土的不断扩增，新的问题出现了：行政区开始变得复杂，那里的居民时不时就会聚集叛乱，从而致使行政区变得难以掌控与管理。要想镇压叛乱，罗马军队就需要长途跋涉而来，可谓得不偿失。于是，通过权衡利弊，罗马人赋予行政区居民罗马公民权，而那些居民一旦拥有公民权，便开始将自己当成真正的罗马人，自然也就"偃旗息鼓"了。

## 古罗马人普通的家庭生活

在古罗马一般的家庭中，父亲作为一家之主，在整个家庭中是具有最高权力的。而母亲却没有多少权力，徒有一个"妻子"的称呼而已。而且，他们的孩子在出生时就已经确定了将来的发展方向：长大以后或是效劳于帝国，或是为家庭生活而忙碌奔波。不过，有的人家会将自己的儿子送去训练，他们长大后，或是直接到政府部门工作，或是进入军队。当然这只是针对男孩子而言的。而女孩子们则不会受到太多的教育，大都期盼着自己能够早日出嫁。

## 罗马公民都享有
## 哪些特殊权利？

答：在古罗马时代，罗马公民们依照罗马法令是可以享有各方面权利的，即便因为犯错被关入狱，在没有判决之前，任何人都不能对他们进行拷打。若是因为受诬陷入狱，或是当生命面临威胁时，他们甚至可以直接向帝王申诉。因此，很少有人敢去招惹罗马公民。

第十四章

# 阿芙再次失去踪迹

你们是什么人？有事吗？

大叔，请问你见过一个身体会发光的女孩儿吗？

卖了？你为什么要这样做？

唔，你是说那个怪胎啊？卖了。

缺钱不可以吗？你们这些贵族怎么会理解平民的痛苦！

我理解。我一定会完成父亲的心愿，建立平等的罗马。

你是……

他是凯撒大人的养子屋大维。

屋大维大人，凯撒大人怎么突然过世了？

呃，你不知道他是怎么过世的？

……定是元老院将……息封锁了。

停！你将那女孩儿卖到哪儿了？

我们又来晚了？！只能靠长耳朵了。

这次不一样，它能感知的信息很微弱。

在阿芙出现前，我需要你们的帮助。

明天就要公布遗嘱了，城里到处是士兵，看来，有人不想在议会上见到你。

你的记性可真差！我说过，交不出我要的人，我是不会做的。

我不需要。

只要你肯改遗嘱，我就将半个罗马送给你。

你当这里是菜市场，想……

很好，我们走。

# 古罗马奴隶的命运

在古罗马，奴隶们大多过着悲惨的生活。他们有的被富人们驱使，不但伺候富人们的衣食住行，更要在富人的庄园里辛苦劳作，而换来的却只是简单得不能再简单的食宿。有的奴隶在某些危险的地方从事长时间的体力劳动，如在矿山上，或是在建筑工地。他们中的少数会成为角斗士，为取乐于贵族们，而不得不参加一场又一场的血腥之战……

当然，也有不少奴隶是幸运的，他们能够成为家庭成员，而他们的后代更会与主人的孩子们一起长大。而且，有的奴隶还会受到教育，从而一跃成为家庭教师、医生等，甚至还会成为政府的邮差。

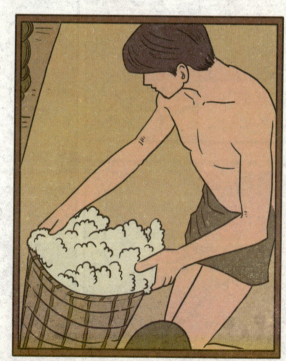

## 古罗马人的教育

在古罗马时代，教育并没有达到普及化，只有那些贵族的孩子才能去学校学习，也只有贵族家庭才有能力去请家庭教师，而那些穷苦人家的孩子根本就没有接受教育的权利。

那些贵族家庭的男孩子和部分女孩子会在7—11岁的小学时代学习阅读、写字、算术等。但小学结束后，则只有少数的男孩子会进入中学继续进行教育，而女孩子却要待在家里学习料理家务等事宜。

# 古罗马女人的地位如何？

答：在古罗马时代，女孩子一般到了十几岁的年龄便要谈婚论嫁。只是，她们在婚后仍然享有继承、拥有，或是出售私人财产的权利。

而她们一旦成为家庭主妇，曾经的女孩儿情怀便逐渐被消磨殆尽，她们开始料理家务，哺育子女。她们虽然是辛劳的，但几乎没有享有多少合法的社会权利。她们一旦走出家庭，便会受到诸多限制，如不得参与政治活动，或是公共事务。

# 第十五章

## 长耳朵发怒了

你放心，元老院布置得跟铁网似的，除非他长翅膀飞进来。

安静！我们先开始吧！

一定要认定"屋大维临阵脱逃"，这样，遗嘱就算公布了也是无效的。

115

荒谬，军人居然闯进议会！

谁还有异议？现在公布遗嘱。

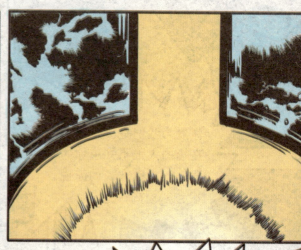

布鲁图斯，是你谋害了父亲，居然还不知羞耻地想要成为继位者。等着接受审判吧！

天哪！布鲁图斯，你这个没良心的东西，一定要接受审判！

我尤利乌斯·凯撒决定屋大维继承我的王位，我将我凯撒之名和我所有的财产与权力都交给屋大维。

啊，真的是他！

117

## 努力清理城市

奥古斯都初登基时，罗马城还只是一座破烂不堪、尘土飞扬的城市。然而，即便是这样一座城，人口却居然达到了100多万。

试想一下：这么多人生活在这座城里，原本并不宽敞的街道便显得更加拥挤，建筑物也给人一种压抑、沉闷之感。而且，台伯河里更是垃圾横流……这样的风景还有什么美感可言？

于是，为了改变城市面貌，奥古斯都逐步将罗马城分为14个区，并规定每个区都有自己的管理机构。不仅如此，他还建立了警察队伍，甚至制定了消防制度。然后，他又马不停蹄地下令疏浚、拓宽河道，并将那些狭窄的街道拆毁，重新规整。

## "永恒之城"诞生了

　　奥古斯都在执政期间，曾经建造了"永恒之城"——罗马城。为此，他还曾经自豪过。那些建筑不仅使用了砖瓦等材料，更用上了大理石墙板，他甚至命人将罗马广场周围所有建筑物都贴上了一层彩色或白色的大理石板。每当阳光明媚之时，那些建筑物便在阳光的照耀下熠熠生辉，为整个罗马城平添了动人的光彩。

## 奥古斯都时期有
### 哪些有代表性的建筑物？

答：奥古斯都在执政期间，曾下令在罗马城修建了新的公共浴池、剧院，并接连主持修建了"两个第一"：第一座石头竞技场、第一座万神殿。而且，他还下令在台伯河上重新建造了一座新桥，即阿格里帕桥。

当然，这些还不是最吸引人的。最吸引人的莫过于一座大型日晷了，其独特设计不仅将方塔尖的阴影作为指针，而且每到奥古斯都诞辰之日，方塔尖的阴影便会正好指向奥古斯都时期建造的和平祭坛。